PRÉFACE

La collection de guides de conversation "Tout ira bien!", publié par T&P Books, est conçue pour les gens qui voyagent par affaire ou par plaisir. Les guides de conversations contiennent le plus important - l'essentiel pour la communication de base. Il s'agit d'une série indispensable de phrases pour survivre à l'étranger.

Ce guide de conversation vous aidera dans la plupart des cas où vous devez demander quelque chose, trouver une direction, découvrir le prix d'un souvenir, etc. Il peut aussi résoudre des situations de communication difficile lorsque la gesticulation n'aide pas.

Ce livre contient beaucoup de phrases qui ont été groupées par thèmes. Vous trouverez aussi un mini dictionnaire avec des mots utiles - les nombres, le temps, le calendrier, les couleurs...

Emmenez avec vous un guide de conversation "Tout ira bien!" sur la route et vous aurez un compagnon de voyage irremplaçable qui vous aidera à vous sortir de toutes les situations et vous enseignera à ne pas avoir peur de parler aux étrangers.

TABLE DES MATIÈRES

T&P Books Publishing

Collection de guides de conversation
"Tout ira bien!"

T&P Books Publishing

GUIDE DE CONVERSATION
— ESTONIEN —

LES PHRASES LES PLUS UTILES

Ce guide de conversation
contient les phrases et
les questions les plus
communes et nécessaires
pour communiquer avec
des étrangers

Par Andrey Taranov

T&P BOOKS

Guide de conversation + dictionnaire de 250 mots

Guide de conversation Français-Estonien et mini dictionnaire de 250 mots

Par Andrey Taranov

La collection de guides de conversation "Tout ira bien!", publiée par T&P Books, est conçue pour les gens qui voyagent par affaire ou par plaisir. Les guides contiennent l'essentiel pour la communication de base. Il s'agit d'une série indispensable de phrases pour "survivre" à l'étranger.

Vous trouverez aussi un mini dictionnaire de 250 mots utiles, nécessaire à la communication quotidienne - le nom des mois, des jours, les unités de mesure, les membres de la famille, et plus encore.

T&P Books Publishing
www.tpbooks.com

ISBN: 978-1-78716-276-1

Ce livre existe également en format électronique.
Pour plus d'informations, veuillez consulter notre site: www.tpbooks.com ou rendez-vous sur ceux des grandes librairies en ligne.

PRONONCIATION

Lettre	Exemple en estonien	Alphabet phonétique T&P	Exemple en français

Voyelles

a	vana	[ɑ]	aller
aa	poutaa	[ɑ:]	cadre
e	ema	[e]	équipe
ee	Ameerika	[e:]	aller
i	ilus	[i]	stylo
ii	viia	[i:]	industrie
o	orav	[o]	normal
oo	antiloop	[o:]	tableau
u	surma	[u]	boulevard
uu	arbuus	[u:]	tour
õ	võõras	[ɔu]	anglais - rose, russe - ноутбук
ä	pärn	[æ]	maire
ö	köha	[ø]	peu profond
ü	üks	[y]	Portugal

Consonnes

b	tablett	[b]	bureau
d	delfiin	[d]	document
f	faasan	[f]	formule
g	flamingo	[g]	gris
h	haamer	[h]	[h] aspiré
j	harjumus	[j]	maillot
k	helikopter	[k]	bocal
l	ingel	[l]	vélo
m	magnet	[m]	minéral
n	nöör	[n]	ananas
p	poolsaar	[p]	panama
r	ripse	[r]	racine, rouge
s	sõprus	[s]	syndicat
š	šotlane	[ʃ]	chariot
t	tantsima	[t]	tennis

Lettre	Exemple en estonien	Alphabet phonétique T&P	Exemple en français
v	pilves	[ʊ]	verdure
z	zookauplus	[z]	gazeuse
ž [1]	žonglöör	[ʒ]	chant, tirage

Remarques

[1] uniquement dans les mots d'origine étrangère

LISTE DES ABRÉVIATIONS

Abréviations en français

adj	-	adjective
adv	-	adverbe
anim.	-	animé
conj	-	conjonction
dénombr.	-	dénombrable
etc.	-	et cetera
f	-	nom féminin
f pl	-	féminin pluriel
fam.	-	familiar
fem.	-	féminin
form.	-	formal
inanim.	-	inanimé
indénombr.	-	indénombrable
m	-	nom masculin
m pl	-	masculin pluriel
m, f	-	masculin, féminin
masc.	-	masculin
math	-	mathematics
mil.	-	militaire
pl	-	pluriel
prep	-	préposition
pron	-	pronom
qch	-	quelque chose
qn	-	quelqu'un
sing.	-	singulier
v aux	-	verbe auxiliaire
v imp	-	verbe impersonnel
vi	-	verbe intransitif
vi, vt	-	verbe intransitif, transitif
vp	-	verbe pronominal
vt	-	verbe transitif

.

T&P BOOKS

GUIDE DE CONVERSATION ESTONIEN

Cette section contient
des phrases importantes
qui peuvent être utiles dans
des situations courantes.
Le guide vous aidera
à demander des directions,
clarifier le prix, acheter
des billets et commander
des plats au restaurant

T&P Books Publishing

CONTENU DU GUIDE
DE CONVERSATION

T&P Books Publishing

Excusez-moi, ...	**Vabandage, ...** [υabandage, ...]
Bonjour	**Tere.** [tere]
Merci	**Aitäh.** [aitæh]
Au revoir	**Nägemist.** [næegemisʲt]
Oui	**Jah.** [jah]
Non	**Ei.** [ej]
Je ne sais pas.	**Ma ei tea.** [ma ej tea]
Où?	Où?	Quand?	**Kus?	Kuhu?	Millal?** [kus?	kuhu?	milʲæl?]
J'ai besoin de ...	**Mul on ... vaja** [mulʲ on ... υaja]
Je veux ...	**Ma tahan ...** [ma tahan ...]
Avez-vous ... ?	**Kas teil on ... ?** [kas tejlʲ on ... ?]
Est-ce qu'il y a ... ici?	**Kas siin on kusagil ... ?** [kas si:n on kusagilʲ ... ?]
Puis-je ... ?	**Kas ma tohin ...?** [kas ma tohin ...?]
s'il vous plaît (pour une demande)	**Palun, ...** [palun, ...]
Je cherche ...	**Ma otsin ...** [ma otsin ...]
les toilettes	**tualetti** [tualetti]
un distributeur	**pangaautomaati** [panga:utoma:ti]
une pharmacie	**apteeki** [apte:ki]
l'hôpital	**haiglat** [haiglat]
le commissariat de police	**politseijaoskonda** [politsejjaoskonda]
une station de métro	**metroojaama** [metro:ja:ma]

un taxi	**taksot** [taksot]
la gare	**raudteejaama** [raudteːjaːma]

Je m'appelle ...	**Minu nimi on ...** [minu nimi on ...]
Comment vous appelez-vous?	**Mis teie nimi on?** [mis teje nimi on?]
Aidez-moi, s'il vous plaît.	**Palun aidake mind.** [palun aidake mind]
J'ai un problème.	**Ma vajan teie abi.** [ma ʋajan teje abi]
Je ne me sens pas bien.	**Mul on halb olla.** [mulʲ on halʲb olʲæ]
Appelez une ambulance!	**Kutsuge kiirabi!** [kutsuge kiːrabi!]
Puis-je faire un appel?	**Kas ma tohin helistada?** [kas ma tohin helisʲtada?]

Excusez-moi.	**Vabandage.** [ʋabandage]
Je vous en prie.	**Tänan.** [tænan]

je, moi	**mina, ma** [mina, ma]
tu, toi	**sina, sa** [sina, sa]
il	**tema, ta** [tema, ta]
elle	**tema, ta** [tema, ta]
ils	**nemad, nad** [nemad, nat]
elles	**nemad, nad** [nemad, nat]
nous	**meie, me** [meje, me]
vous	**teie, te** [teje, te]
Vous	**teie** [teje]

ENTRÉE	**SISSEPÄÄS** [sissepæːs]
SORTIE	**VÄLJAPÄÄS** [ʋæljapæːs]
HORS SERVICE	EN PANNE	**EI TÖÖTA** [ej tøːta]
FERMÉ	**SULETUD** [suletut]

OUVERT	**AVATUD**
	[aʋatut]
POUR LES FEMMES	**NAISTE**
	[naisʲte]
POUR LES HOMMES	**MEESTE**
	[meːsʲte]

Questions

Où? (lieu)	**Kus?** [kus?]
Où? (direction)	**Kuhu?** [kuhu?]
D'où?	**Kust?** [kus't?]
Pourquoi?	**Miks?** [miks?]
Pour quelle raison?	**Milleks?** [milʲeks?]
Quand?	**Millal?** [milʲæl?]

Combien de temps?	**Kui kaua?** [kui kaua?]
À quelle heure?	**Mis ajal?** [mis ajal?]
C'est combien?	**Kui palju maksab?** [kui palju maksab?]
Avez-vous … ?	**Kas teil on …?** [kas tejlʲ on …?]
Où est …, s'il vous plaît?	**Kus asub …?** [kus asub …?]

Quelle heure est-il?	**Mis kell on?** [mis kelʲ on?]
Puis-je faire un appel?	**Kas ma tohin helistada?** [kas ma tohin helis'tada?]
Qui est là?	**Kes seal on?** [kes sealʲ on?]
Puis-je fumer ici?	**Kas tohin siin suitsetada?** [kas tohin si:n suitsetada?]
Puis-je …?	**Kas ma tohin …?** [kas ma tohin …?]

Besoins

Je voudrais ...	**Ma tahaksin ...** [ma tahaksin ...]
Je ne veux pas ...	**Ma ei taha ...** [ma ej taha ...]
J'ai soif.	**Mul on janu.** [mulʲ on janu]
Je veux dormir.	**Ma tahan magada.** [ma tahan magada]
Je veux ...	**Ma tahan ...** [ma tahan ...]
me laver	**käsi pesta** [kæsi pesʲta]
brosser mes dents	**hambaid pesta** [hambait pesʲta]
me reposer un instant	**veidi puhata** [ʋejdi puhata]
changer de vêtements	**riideid vahetada** [riːdejt ʋahetada]
retourner à l'hôtel	**hotelli tagasi minna** [hotelʲi tagasi minna]
acheter ...	**osta ...** [osʲta ...]
aller à ...	**minna ...** [minna ...]
visiter ...	**külastada ...** [kʉlasʲtada ...]
rencontrer ...	**kohtuda ...** [kohtuda ...]
faire un appel	**helistada** [helisʲtada]
Je suis fatigué /fatiguée/	**Ma olen väsinud.** [ma olen ʋæsinud]
Nous sommes fatigués /fatiguées/	**Me oleme väsinud.** [me oleme ʋæsinud]
J'ai froid.	**Mul on külm.** [mulʲ on kʉlʲm]
J'ai chaud.	**Mul on palav.** [mulʲ on palaʋ]
Je suis bien.	**Ma tunnen ennast hästi.** [ma tunnen ennasʲt hæsʲti]

Il me faut faire un appel.

Mul on vaja helistada.
[mulʲ on ʋaja helisʲtada]

J'ai besoin d'aller aux toilettes.

Pean tualetti minema.
[pean tualetti minema]

Il faut que j'aille.

Ma pean lahkuma.
[ma pean lahkuma]

Je dois partir maintenant.

Ma pean nüüd lahkuma.
[ma pean nʉ:t lahkuma]

Comment demander la direction

Excusez-moi, ...	**Vabandage, ...** [ʋabandage, ...]
Où est ..., s'il vous plaît?	**Kus asub ...?** [kus asub ...?]
Dans quelle direction est ... ?	**Kuspool asub ...?** [kuspoːlʲ asub ...?]
Pouvez-vous m'aider, s'il vous plaît ?	**Palun, kas aitaksite mind?** [palun, kas aitaksite mind?]
Je cherche ...	**Ma otsin ...** [ma otsin ...]
La sortie, s'il vous plaît?	**Ma otsin väljapääsu.** [ma otsin ʋælʲjapæː:su]
Je vais à ...	**Ma sõidan ...** [ma sɜidan ...]
C'est la bonne direction pour ...?	**Kas ma lähen õiges suunas, et jõuda ...?** [kas ma lʲæhen ɜiges suːnas, et jɜuda ...?]
C'est loin?	**Kas see on kaugel?** [kas seː on kaugel?]
Est-ce que je peux y aller à pied?	**Kas ma saan sinna jalgsi minna?** [kas ma saːn sinna jalʲgsi minna?]
Pouvez-vous me le montrer sur la carte?	**Palun näidake mulle seda kaardil.** [palun næjdake mulʲe seda kaːrdil]
Montrez-moi où sommes-nous, s'il vous plaît.	**Näidake mulle, kus me praegu asume.** [næjdake mulʲe, kus me praegu asume]
Ici	**Siin** [siːn]
Là-bas	**Seal** [sealʲ]
Par ici	**Siia** [siːa]
Tournez à droite.	**Keerake paremale.** [keːrake paremale]
Tournez à gauche.	**Keerake vasakule.** [keːrake ʋasakule]
Prenez la première (deuxième, troisième) rue.	**esimesel (teisel, kolmandal) ristmikul** [esimeselʲ (tejselʲ, kolʲmandalʲ) risʲtmikulʲ]
à droite	**paremale** [paremale]

à gauche

vasakule
[vasakule]

Continuez tout droit.

Minge otse edasi.
[minge otse edasi]

Affiches, Pancartes

BIENVENUE! **TERE TULEMAST!**
[tere tulemasˈt!]

ENTRÉE **SISSEPÄÄS**
[sissepæ:s]

SORTIE **VÄLJAPÄÄS**
[ʋæljapæ:s]

POUSSEZ **LÜKAKE**
[lʉkake]

TIREZ **TÕMMAKE**
[tɜmmake]

OUVERT **AVATUD**
[aʋatut]

FERMÉ **SULETUD**
[suletut]

POUR LES FEMMES **NAISTE**
[naisˈte]

POUR LES HOMMES **MEESTE**
[me:sˈte]

MESSIEURS (m) **MEESTI TUALETT**
[me:sˈti tualett]

FEMMES (f) **NAISTE TUALETT**
[naisˈte tualett]

RABAIS | SOLDES **ALLAHINDLUS**
[alˈæhintlus]

PROMOTION **ODAV VÄLJAMÜÜK**
[odaʋ ʋæljamʉ:k]

GRATUIT **TASUTA**
[tasuta]

NOUVEAU! **UUS!**
[u:s!]

ATTENTION! **TÄHELEPANU!**
[tæhelepanu!]

COMPLET **VABU KOHTI POLE**
[ʋabu kohti pole]

RÉSERVÉ **RESERVEERITUD**
[reserʋe:ritut]

ADMINISTRATION **ADMINISTRATSIOON**
[adminisˈtratsio:n]

PERSONNEL SEULEMENT **AINULT PERSONALILE**
[ainulˈt personalile]

ATTENTION AU CHIEN!   **KURI KOER!**
[kuri koer!]

NE PAS FUMER!   **SUITSETAMINE KEELATUD!**
[suitsetamine ke:latud!]

NE PAS TOUCHER!   **MITTE PUUDUTADA!**
[mitte pu:dutada!]

DANGEREUX   **OHTLIK**
[ohtlik]

DANGER   **OHT**
[oht]

HAUTE TENSION   **KÕRGEPINGE**
[kɜrgepinge]

BAIGNADE INTERDITE!   **UJUMINE KEELATUD!**
[ujumine ke:latud!]

HORS SERVICE | EN PANNE   **EI TÖÖTA**
[ej tø:ta]

INFLAMMABLE   **TULEOHTLIK**
[tuleohtlik]

INTERDIT   **KEELATUD**
[ke:latut]

ENTRÉE INTERDITE!   **LOATA SISENEMINE KEELATUD!**
[loata sisenemine ke:latud!]

PEINTURE FRAÎCHE   **VÄRSKE VÄRV**
[ʋærske ʋærʋ]

FERMÉ POUR TRAVAUX   **REMONDI TÕTTU SULETUD**
[remondi tɜttu suletut]

TRAVAUX EN COURS   **EES ON TEETÖÖD**
[e:s on te:tø:t]

DÉVIATION   **ÜMBERSÕIT**
[ʉmbersɜit]

Transport - Phrases générales

avion	**lennuk** [lennuk]
train	**rong** [rong]
bus, autobus	**buss** [bus]
ferry	**parvlaev** [parʊlaeʊ]
taxi	**takso** [takso]
voiture	**auto** [auto]

horaire	**sõiduplaan** [sɜidupla:n]
Où puis-je voir l'horaire?	**Kus ma saaksin sõiduplaani näha?** [kus ma sa:ksin sɜidupla:ni næha?]
jours ouvrables	**tööpäevad, argipäevad** [tø:pæeʊat, argipæeʊad]
jours non ouvrables	**nädalalõpud** [nædalalɜput]
jours fériés	**riigipühad** [ri:gipʉhat]

DÉPART	**väljalend** [ʊæljalent]
ARRIVÉE	**saabumine** [sa:bumine]
RETARDÉE	**edasi lükatud** [edasi lʉkatut]
ANNULÉE	**tühistatud** [tʉhisʲtatut]

prochain (train, etc.)	**järgmine (rong jms)** [jærgmine]
premier	**esimene** [esimene]
dernier	**viimane** [ʊi:mane]

À quelle heure est le prochain ...?	**Millal järgmine ... tuleb?** [milʲælʲ jærgmine ... tuleb?]
À quelle heure est le premier ...?	**Millal esimene ... väljub?** [milʲælʲ esimene ... ʊæljub?]

À quelle heure est le dernier ...?

correspondance

prendre la correspondance

Dois-je prendre la correspondance?

Millal väljub viimane ...?
[milʲælʲ ʋæljub ʋiːmane ...?]

ümberistumine
[ʉmberisʲtumine]

ümber istuma
[ʉmber isʲtuma]

Kas ma pean ümber istuma?
[kas ma pean ʉmber isʲtuma?]

Acheter un billet

Où puis-je acheter des billets?	**Kust ma saan pileteid osta?** [kusᵗ ma sa:n piletejt osᵗta?]
billet	**pilet** [pilet]
acheter un billet	**piletit osta** [piletit osᵗta]
le prix d'un billet	**piletihind** [piletihint]
Pour aller où?	**Kuhu?** [kuhu?]
Quelle destination?	**Millise jaamani?** [milʲise ja:mani?]
Je voudrais ...	**Mul on ... vaja** [mulʲ on ... ʋaja]
un billet	**ühe pileti** [ʉhe pileti]
deux billets	**kaks piletit** [kaks piletit]
trois billets	**kolm piletit** [kolʲm piletit]
aller simple	**üheotsa** [ʉheotsa]
aller-retour	**edasi-tagasi** [edasi-tagasi]
première classe	**esimene klass** [esimene klass]
classe économique	**teine klass** [tejne klas]
aujourd'hui	**täna** [tæna]
demain	**homme** [homme]
après-demain	**ülehomme** [ʉlehomme]
dans la matinée	**hommikul** [hommikulʲ]
l'après-midi	**pärastlõunal** [pærasᵗtlɜunalʲ]
dans la soirée	**õhtul** [ɜhtulʲ]

siège côté couloir

vahekäigupoolne koht
[ʋahekæjgupo:lʲne koht]

siège côté fenêtre

aknaalune koht
[akna:lune koht]

C'est combien?

Kui palju?
[kui palʲu?]

Puis-je payer avec la carte?

Kas ma saan tasuda maksekaardiga?
[kas ma sa:n tasuda makseka:rdiga?]

L'autobus

bus, autobus
buss
[bus]

autocar
linnadevaheline buss
[linnadeʋaheline bus]

arrêt d'autobus
bussipeatus
[bussipeatus]

Où est l'arrêt d'autobus le plus proche?
Kus asub lähim bussipeatus?
[kus asub lʲæhim bussipeatus?]

numéro
number (bussi vm)
[number]

Quel bus dois-je prendre pour aller à ...?
Milline buss sõidab ...?
[milʲine buss sɜidab ...?]

Est-ce que ce bus va à ...?
Kas ma saan selle bussiga ...?
[kas ma sa:n selʲe bussiga ...?]

L'autobus passe tous les combien?
Kui sageli bussid käivad?
[kui sageli bussit kæjʋad?]

chaque quart d'heure
iga veerand tunni järel
[iga ʋe:rant tunni jærelʲ]

chaque demi-heure
iga poole tunni järel
[iga po:le tunni jærelʲ]

chaque heure
iga tunni järel
[iga tunni jærelʲ]

plusieurs fois par jour
mitu korda päevas
[mitu korda pæeʋas]

... fois par jour
... korda päevas
[... korda pæeʋas]

horaire
sõiduplaan
[sɜidupla:n]

Où puis-je voir l'horaire?
Kus ma saaksin sõiduplaani näha?
[kus ma sa:ksin sɜidupla:ni næha?]

À quelle heure passe le prochain bus?
Millal järgmine buss tuleb?
[milʲælʲ jærgmine bus tuleb?]

À quelle heure passe le premier bus?
Millal esimene buss väljub?
[milʲælʲ esimene buss ʋæljub?]

À quelle heure passe le dernier bus?
Millal viimane buss väljub?
[milʲælʲ ʋi:mane bus ʋæljub?]

arrêt
peatus
[peatus]

prochain arrêt
järgmine peatus
[jærgmine peatus]

terminus

viimane peatus, lõpp-peatus
[ʋi:mane peatus, lɜpp-peatus]

Pouvez-vous arrêter ici, s'il vous plaît.

Palun pidage siin kinni.
[palun pidage si:n kinni]

Excusez-moi, c'est mon arrêt.

Vabandage, minu peatus on siin.
[ʋabandage, minu peatus on si:n]

Train

train	**rong** [rong]
train de banlieue	**linnalähirong** [linnalʲæhirong]
train de grande ligne	**rong** [rong]
la gare	**raudteejaam** [raudte:ja:m]
Excusez-moi, où est la sortie vers les quais?	**Vabandage, kust pääseb perroonile?** [ʋabandage, kusʲt pæ:seb perro:nile?]
Est-ce que ce train va à …?	**Kas see rong sõidab …?** [kas se: rong sɜidab …?]
le prochain train	**järgmine rong** [jærgmine rong]
À quelle heure est le prochain train?	**Millal järgmine rong tuleb?** [milʲælʲ jærgmine rong tuleb?]
Où puis-je voir l'horaire?	**Kus ma saaksin sõiduplaani näha?** [kus ma sa:ksin sɜidupla:ni næha?]
De quel quai?	**Milliselt perroonilt?** [milʲiselʲt perro:nilʲt?]
À quelle heure arrive le train à …?	**Millal see rong jõuab …?** [milʲælʲ se: rong jɜuab …?]
Pouvez-vous m'aider, s'il vous plaît?	**Palun aidake mind.** [palun aidake mind]
Je cherche ma place.	**Ma otsin oma kohta.** [ma otsin oma kohta]
Nous cherchons nos places.	**Me otsime oma kohti.** [me otsime oma kohti]
Ma place est occupée.	**Minu koht on hõivatud.** [minu koht on hɜiʋatud]
Nos places sont occupées.	**Meie kohad on hõivatud.** [meje kohat on hɜiʋatud]
Excusez-moi, mais c'est ma place.	**Vabandage, see on minu koht.** [ʋabandage, se: on minu koht]
Est-ce que cette place est libre?	**Kas see koht on vaba?** [kas se: koht on ʋaba?]
Puis-je m'asseoir ici?	**Kas ma tohin siia istuda?** [kas ma tohin si:a isʲtuda?]

Sur le train - Dialogue (Pas de billet)

Votre billet, s'il vous plaît.

Palun esitage oma pilet.
[palun esitage oma pilet]

Je n'ai pas de billet.

Mul ei ole piletit.
[mulʲ ej ole piletit]

J'ai perdu mon billet.

Ma olen oma pileti ära kaotanud.
[ma olen oma pileti æra kaotanud]

J'ai oublié mon billet à la maison.

Unustasin pileti koju.
[unusʲtasin pileti koju]

Vous pouvez m'acheter un billet.

Te saate osta pileti minu käest.
[te sa:te osʲta pileti minu kæəsʲt]

Vous devrez aussi payer une amende.

Te peate maksma ka trahvi.
[te peate maksma ka trahʋi]

D'accord.

Hea küll.
[hea kʉlʲ]

Où allez-vous?

Kuhu te sõidate?
[kuhu te sɜidate?]

Je vais à ...

Ma sõidan ...
[ma sɜidan ...]

Combien? Je ne comprend pas.

Kui palju? Ma ei saa aru.
[kui palju? ma ej sa: aru]

Pouvez-vous l'écrire, s'il vous plaît.

Palun kirjutage see üles.
[palun kirjutage se: ʉles]

D'accord. Puis-je payer avec la carte?

Hea küll. Kas ma saan tasuda maksekaardiga?
[hea kʉlʲ kas ma sa:n tasuda makseka:rdiga?]

Oui, bien sûr.

Jah, saate.
[jah, sa:te]

Voici votre reçu.

Siin on teie kviitung.
[si:n on teje kʋi:tung]

Désolé pour l'amende.

Kahju, et pidite trahvi maksma.
[kahju, et pidite trahʋi maksma]

Ça va. C'est de ma faute.

Pole hullu. Oma viga.
[pole hulʲu oma ʋiga]

Bon voyage.

Head reisi.
[heat rejsi]

Taxi

taxi	**takso** [takso]
chauffeur de taxi	**taksojuht** [taksojuht]
prendre un taxi	**taksot püüdma** [taksot pʉːdma]
arrêt de taxi	**taksopeatus** [taksopeatus]
Où puis-je trouver un taxi?	**Kust ma saan takso võtta?** [kusʲt ma saːn takso vɜtta?]
appeler un taxi	**kutsuge takso välja** [kutsuge takso vælʲja]
Il me faut un taxi.	**Ma soovin taksot.** [ma soːʋin taksot]
maintenant	**Kohe praegu.** [kohe praegu]
Quelle est votre adresse?	**Öelge oma aadress?** [øelʲge oma aːdress?]
Mon adresse est ...	**Minu aadress on ...** [minu aːdres on ...]
Votre destination?	**Kuhu te soovite sõita?** [kuhu te soːʋite sɜita?]
Excusez-moi, ...	**Vabandage, ...** [ʋabandage, ...]
Vous êtes libre ?	**Kas te olete vaba?** [kas te olete ʋaba?]
Combien ça coûte pour aller à ...?	**Kui palju läheb maksma sõit ...?** [kui palʲu lʲæheb maksma sɜit ...?]
Vous savez où ça se trouve?	**Kas te teate, kus see asub?** [kas te teate, kus seː asub?]
À l'aéroport, s'il vous plaît.	**Palun viige mind lennujaama.** [palun ʋiːge mint lennujaːma]
Arrêtez ici, s'il vous plaît.	**Palun peatuge siin.** [palun peatuge siːn]
Ce n'est pas ici.	**See ei ole siin.** [seː ej ole siːn]
C'est la mauvaise adresse.	**See on vale aadress.** [seː on ʋale aːdress]
tournez à gauche	**Keerake vasakule.** [keːrake ʋasakule]
tournez à droite	**Keerake paremale.** [keːrake paremale]

Combien je vous dois?

Palju ma teile võlgnen?
[palju ma tejle vɔlʲgnen?]

J'aimerais avoir un reçu, s'il vous plaît.

Palun andke mulle kviitung.
[palun andke mulʲe kʋiːtung]

Gardez la monnaie.

Tagasi pole vaja.
[tagasi pole vaja]

Attendez-moi, s'il vous plaît ...

Palun, kas te ootaksite mind?
[palun, kas te oːtaksite mind?]

cinq minutes

viis minutit
[ʋiːs minutit]

dix minutes

kümme minutit
[kʉmme minutit]

quinze minutes

viisteist minutit
[ʋiːsʲtejsʲt minutit]

vingt minutes

kakskümmend minutit
[kakskʉmment minutit]

une demi-heure

pool tundi
[poːlʲ tundi]

Hôtel

Bonjour.	**Tere.** [tere]
Je m'appelle ...	**Minu nimi on ...** [minu nimi on ...]
J'ai réservé une chambre.	**Mul on koht kinni pandud.** [mulʲ on koht kinni pandud]
Je voudrais ...	**Mul on ... vaja** [mulʲ on ... ʋaja]
une chambre simple	**tuba ühele** [tuba ühele]
une chambre double	**tuba kahele** [tuba kahele]
C'est combien?	**Palju see maksab?** [palju se: maksab?]
C'est un peu cher.	**See on kallivõitu.** [se: on kalʲiʋɔitu]
Avez-vous autre chose?	**Kas teil on midagi muud pakkuda?** [kas tejlʲ on midagi mu:t pakkuda?]
Je vais la prendre.	**Ma võtan selle.** [ma ʋɔtan selʲe]
Je vais payer comptant.	**Ma maksan sularahas.** [ma maksan sularahas]
J'ai un problème.	**Ma vajan teie abi.** [ma ʋajan teje abi]
Mon ... est cassé /Ma ... est cassée/	**Minu ... on katki.** [minu ... on katki]
Mon /Ma/ ... ne fonctionne pas.	**Minu ... on rikkis.** [minu ... on rikkis]
télé	**televiisor** [teleʋi:sor]
air conditionné	**kliimaseade** [kli:maseade]
robinet	**kraan** [kra:n]
douche	**dušš** [duʃʃ]
évier	**kraanikauss** [kra:nikaus]
coffre-fort	**seif** [sejf]

serrure de porte	**ukselukk** [ukselukk]
prise électrique	**pistikupesa** [pisʲtikupesa]
sèche-cheveux	**föön** [fø:n]

Je n'ai pas …	**Minu numbris ei ole …** [minu numbris ej ole …]
d'eau	**vett** [ʋett]
de lumière	**valgust** [ʋalʲgusʲt]
d'électricité	**elektrit** [elektrit]

Pouvez-vous me donner …?	**Palun, kas te tooksite mulle …?** [palun, kas te to:ksite mulʲe …?]
une serviette	**käterätiku** [kæterætiku]
une couverture	**teki** [teki]
des pantoufles	**tuhvlid** [tuhʋlit]
une robe de chambre	**hommikumantli** [hommikumantli]
du shampoing	**šampooni** [ʃampo:ni]
du savon	**seepi** [se:pi]

Je voudrais changer ma chambre.	**Sooviksin tuba vahetada.** [so:ʋiksin tuba ʋahetada]
Je ne trouve pas ma clé.	**Ma ei leia oma võtit.** [ma ej leja oma ʋɜtit]
Pourriez-vous ouvrir ma chambre, s'il vous plaît?	**Palun tehke mu tuba lahti?** [palun tehke mu tuba lahti?]
Qui est là?	**Kes seal on?** [kes sealʲ on?]
Entrez!	**Tulge sisse!** [tulʲge sisse!]
Une minute!	**Palun oodake, kohe tulen!** [palun o:dake, kohe tulen!]
Pas maintenant, s'il vous plaît.	**Palun, mitte praegu.** [palun, mitte praegu]

Pouvez-vous venir à ma chambre, s'il vous plaît.	**Palun tulge minu tuppa.** [palun tulʲge minu tuppa]
J'aimerais avoir le service d'étage.	**Sooviv tellida sööki numbrisse.** [so:ʋiʋ telʲida sø:ki numbrisse]
Mon numéro de chambre est le …	**Minu toanumber on …** [minu toanumber on …]

Je pars …	**Ma lahkun …** [ma lahkun …]
Nous partons …	**Me lahkume …** [me lahkume …]
maintenant	**kohe praegu** [kohe praegu]
cet après-midi	**täna pärastlõunal** [tæna pærasʲtlɜunalʲ]
ce soir	**täna õhtul** [tæna ɜhtulʲ]
demain	**homme** [homme]
demain matin	**homme hommikul** [homme hommikulʲ]
demain après-midi	**homme õhtul** [homme ɜhtulʲ]
après-demain	**ülehomme** [ʉlehomme]

Je voudrais régler mon compte.	**Soovin maksta.** [soːʋin maksʲta]
Tout était merveilleux.	**Kõik oli suurepärane.** [kɜik oli suːrepærane]
Où puis-je trouver un taxi?	**Kust ma saan takso võtta?** [kusʲt ma saːn takso ʋɜtta?]
Pourriez-vous m'appeler un taxi, s'il vous plaît?	**Palun kutsuge mulle takso?** [palun kutsuge mulʲe takso?]

Restaurant

Puis-je voir le menu, s'il vous plaît?	**Palun tooge mulle menüü?** [palun to:ge mulʲe menʉ:?]
Une table pour une personne.	**Laud ühele.** [laut ʉhele]
Nous sommes deux (trois, quatre).	**Me oleme kahekesi** **(kolmekesi, neljakesi).** [me oleme kahekesi (kolʲmekesi, neljakesi)]

Fumeurs	**Suitsetajatele** [suitsetajatele]
Non-fumeurs	**Mittesuitsetajatele** [mittesuitsetajatele]
S'il vous plaît!	**Vabandage!** [ʋabandage!]
menu	**menüü** [menʉ:]
carte des vins	**veinikaart** [ʋejnika:rt]
Le menu, s'il vous plaît.	**Palun menüü.** [palun menʉ:]

Êtes-vous prêts à commander?	**Kas olete valmis tellima?** [kas olete ʋalʲmis telʲima?]
Qu'allez-vous prendre?	**Mida te tellite?** [mida te telʲite?]
Je vais prendre ...	**Tooge palun ...** [to:ge palun ...]

Je suis végétarien.	**Ma olen taimetoitlane.** [ma olen taimetojtlane]
viande	**liha** [liha]
poisson	**kala** [kala]
légumes	**köögivili** [kø:giʋili]
Avez-vous des plats végétariens?	**Kas teil on taimetoitlastele** **mõeldud roogi?** [kas tejlʲ on taimetojtlasʲtele mɜelʲdut ro:gi?]
Je ne mange pas de porc.	**Ma ei söö sealiha.** [ma ej sø: sealiha]

Il /elle/ ne mange pas de viande.

Tema ei söö liha.
[tema ej sø: liha]

Je suis allergique à …

Mul on allergia … vastu.
[mulʲ on alʲergia … ʋasʲtu]

Pourriez-vous m'apporter …,
s'il vous plaît.

Palun tooge mulle …
[palun to:ge mulʲe …]

le sel | le poivre | du sucre

soola | pipart | suhkrut
[so:la | pipart | suhkrut]

un café | un thé | un dessert

kohvi | teed | magustoit
[kohʋi | te:t | magusʲtojt]

de l'eau | gazeuse | plate

vett | mullivett | puhast vett
[ʋett | mulʲiʋett | puhasʲt ʋett]

une cuillère | une fourchette | un couteau

lusikas | kahvel | nuga
[lusikas | kahʋelʲ | nuga]

une assiette | une serviette

taldrik | salvrätik
[talʲdrik | salʲʋrætik]

Bon appétit!

Head isu!
[heat isu!]

Un de plus, s'il vous plaît.

Palun veel üks.
[palun ʋe:lʲ ʉks]

C'était délicieux.

Oli väga maitsev.
[oli ʋæga maitseʋ]

---

l'addition | de la monnaie | le pourboire

arve | raha tagasi | jootraha
[arʋe | raha tagasi | jo:traha]

L'addition, s'il vous plaît.

Arve, palun.
[arʋe, palun]

Puis-je payer avec la carte?

Kas ma saan tasuda maksekaardiga?
[kas ma sa:n tasuda makseka:rdiga?]

Excusez-moi, je crois qu'il y a une
erreur ici.

Vabandage, aga siin on midagi valesti.
[ʋabandage, aga si:n on midagi ʋalesʲti]

Shopping. Faire les Magasins

Est-ce que je peux vous aider?

Kuidas saan teid aidata?
[kuidas sa:n tejt aidata?]

Avez-vous ... ?

Kas teil on ...?
[kas tejlʲ on ...?]

Je cherche ...

Ma otsin ...
[ma otsin ...]

Il me faut ...

Mul on ... vaja
[mulʲ on ... ʋaja]

Je regarde seulement, merci.

Ma ainult vaatan.
[ma ainulʲt ʋa:tan]

Nous regardons seulement, merci.

Me ainult vaatame.
[me ainulʲt ʋa:tame]

Je reviendrai plus tard.

Ma tulen hiljem tagasi.
[ma tulen hiljem tagasi]

On reviendra plus tard.

Me tuleme hiljem tagasi.
[me tuleme hiljem tagasi]

Rabais | Soldes

allahindlus | odav väljamüük
[alʲæhintlus | odaʋ ʋæljamu:k]

Montrez-moi, s'il vous plaît ...

Palun näidake mulle ...
[palun næjdake mulʲe ...]

Donnez-moi, s'il vous plaît ...

Palun andke mulle ...
[palun andke mulʲe ...]

Est-ce que je peux l'essayer?

Kas ma saaksin seda proovida?
[kas ma sa:ksin seda pro:ʋida?]

Excusez-moi, où est la cabine d'essayage?

Vabandage, kus proovikabiin on?
[ʋabandage, kus pro:ʋikabi:n on?]

Quelle couleur aimeriez-vous?

Millist värvi te soovite?
[milʲislʲt ʋærʋi te so:ʋite?]

taille | longueur

suurus | pikkus
[su:rus | pikkus]

Est-ce que la taille convient ?

Kas see sobib teile?
[kas se: sobib tejle?]

Combien ça coûte?

Kui palju see maksab?
[kui palju se: maksab?]

C'est trop cher.

See on liiga kallis.
[se: on li:ga kalʲis]

Je vais le prendre.

Ma võtan selle.
[ma ʋɔtan selʲe]

Excusez-moi, où est la caisse?

Vabandage, kus ma tasuda saan?
[ʋabandage, kus ma tasuda sa:n?]

Payerez-vous comptant ou par carte de crédit?

Kas maksate sularahas või maksekaardiga?
[kas maksate sularahas või makseka:rdiga?]

Comptant | par carte de crédit

sularahas | maksekaardiga
[sularahas | makseka:rdiga]

Voulez-vous un reçu?

Kas te kviitungit soovite?
[kas te kui:tungit so:uite?]

Oui, s'il vous plaît.

Jah, palun.
[jah, palun]

Non, ce n'est pas nécessaire.

Ei, pole vaja.
[ej, pole uaja]

Merci. Bonne journée!

Tänan teid. Kena päeva teile!
[tænan tejd. kena pæeua tejle!]

En ville

Excusez-moi, ...	**Vabandage, palun.** [ʋabandage, palun]
Je cherche ...	**Ma otsin ...** [ma otsin ...]
le métro	**metroojaama** [metro:ja:ma]
mon hôtel	**oma hotelli** [oma hotelʲi]
le cinéma	**kino** [kino]
un arrêt de taxi	**taksopeatust** [taksopeatusʲt]
un distributeur	**pangaautomaati** [panga:utoma:ti]
un bureau de change	**valuutavahetuspunkti** [ʋalu:taʋahetuspunkti]
un café internet	**internetikohvikut** [internetikohʋikut]
la rue ...	**... tänavat** [... tænaʋat]
cette place-ci	**seda kohta siin** [seda kohta si:n]
Savez-vous où se trouve ...?	**Kas te teate, kus asub...?** [kas te teate, kus asub...?]
Quelle est cette rue?	**Mis selle tänava nimi on?** [mis selʲe tænaʋa nimi on?]
Montrez-moi où sommes-nous, s'il vous plaît.	**Näidake mulle, kus me praegu oleme.** [næjdake mulʲe, kus me praegu oleme]
Est-ce que je peux y aller à pied?	**Kas ma saan sinna jalgsi minna?** [kas ma sa:n sinna jalʲgsi minna?]
Avez-vous une carte de la ville?	**Kas teil on linna kaarti?** [kas tejlʲ on linna ka:rti?]
C'est combien pour un ticket?	**Kui kallis pilet on?** [kui kalʲis pilet on?]
Est-ce que je peux faire des photos?	**Kas siin tohib pildistada?** [kas si:n tohib pilʲdisʲtada?]
Êtes-vous ouvert?	**Kas te olete avatud?** [kas te olete aʋatud?]

À quelle heure ouvrez-vous?

Millal te avate?
[milʲælʲ te aʋate?]

À quelle heure fermez-vous?

Millal te sulgete?
[milʲælʲ te sulʲgete?]

L'argent

argent	**raha** [raha]
argent liquide	**sularaha** [sularaha]
des billets	**paberraha** [paberraha]
petite monnaie	**peenraha** [pe:nraha]
l'addition | de la monnaie | le pourboire	**arve | raha tagasi | jootraha** [arʋe | raha tagasi | jo:traha]
carte de crédit	**maksekaart, krediitkaart** [makseka:rt, kredi:tka:rt]
portefeuille	**rahakott** [rahakott]
acheter	**osta** [osʲta]
payer	**maksta** [maksʲta]
amende	**trahv** [trahʋ]
gratuit	**tasuta** [tasuta]
Où puis-je acheter … ?	**Kust ma saan … osta?** [kusʲt ma sa:n … osʲta?]
Est-ce que la banque est ouverte en ce moment?	**Kas pank on praegu lahti?** [kas pank on praegu lahti?]
À quelle heure ouvre-t-elle?	**Millal see avatakse?** [milʲælʲ se: aʋatakse?]
À quelle heure ferme-t-elle?	**Millal see suletakse?** [milʲælʲ se: suletakse?]
C'est combien?	**Kui palju?** [kui palju?]
Combien ça coûte?	**Kui palju see maksab?** [kui palju se: maksab?]
C'est trop cher.	**See on liiga kallis.** [se: on li:ga kalʲis]
Excusez-moi, où est la caisse?	**Vabandage, kus ma saan maksta?** [ʋabandage, kus ma sa:n maksʲta?]
L'addition, s'il vous plaît.	**Arve, palun.** [arʋe, palun]

Puis-je payer avec la carte?

Kas ma saan tasuda maksekaardiga?
[kas ma sa:n tasuda makseka:rdiga?]

Est-ce qu'il y a un distributeur ici?

Kas siin läheduses on pangautomaat?
[kas si:n lʲæheduses on pangautoma:t?]

Je cherche un distributeur.

Ma otsin pangautomaati.
[ma otsin pangautoma:ti]

Je cherche un bureau de change.

Ma otsin valuutavahetuspunkti.
[ma otsin ʋalu:taʋahetuspunkti]

Je voudrais changer ...

Sooviksin vahetada ...
[so:ʋiksin ʋahetada ...]

Quel est le taux de change?

Milline on vahetuskurss?
[milʲine on ʋahetuskurss?]

Avez-vous besoin de mon passeport?

Kas vajate mu passi?
[kas ʋajate mu passi?]

Le temps

Quelle heure est-il?	**Mis kell on?** [mis kelʲ on?]
Quand?	**Millal?** [milʲæl?]
À quelle heure?	**Mis ajal?** [mis ajal?]
maintenant | plus tard | après …	**praegu | hiljem | pärast …** [praegu | hiljem | pærasʲt …]
une heure	**kell üks päeval** [kelʲ ʉks pæeʋalʲ]
une heure et quart	**kell veerand kaks** [kelʲ ʋeːrant kaks]
une heure et demie	**kell pool kaks** [kelʲ poːlʲ kaks]
deux heures moins quart	**kell kolmveerand kaks** [kelʲ kolʲmʋeːrant kaks]
un | deux | trois	**üks | kaks | kolm** [ʉks | kaks | kolʲm]
quatre | cinq | six	**neli | viis | kuus** [neli | ʋiːs | kuːs]
sept | huit | neuf	**seitse | kaheksa | üheksa** [sejtse | kaheksa | ʉheksa]
dix | onze | douze	**kümme | üksteist | kaksteist** [kʉmme | ʉksʲtejsʲt | kaksʲtejsʲt]
dans …	**… pärast** [… pærasʲt]
cinq minutes	**viie minuti** [ʋiːe minuti]
dix minutes	**kümne minuti** [kʉmne minuti]
quinze minutes	**viieteistkümne minuti** [ʋiːetejsʲtkʉmne minuti]
vingt minutes	**kahekümne minuti** [kahekʉmne minuti]
une demi-heure	**poole tunni** [poːle tunni]
une heure	**tunni** [tunni]
dans la matinée	**hommikul** [hommikulʲ]

tôt le matin	**varahommikul** [ʋarahommikulʲ]
ce matin	**täna hommikul** [tæna hommikulʲ]
demain matin	**homme hommikul** [homme hommikulʲ]

à midi	**keskpäeval** [keskpæeʋalʲ]
dans l'après-midi	**pärast lõunat** [pærasʲt lɜunat]
dans la soirée	**õhtul** [ɜhtulʲ]
ce soir	**täna õhtul** [tæna ɜhtulʲ]

la nuit	**öösel** [ø:selʲ]
hier	**eile** [ejle]
aujourd'hui	**täna** [tæna]
demain	**homme** [homme]
après-demain	**ülehomme** [ʉlehomme]

Quel jour sommes-nous aujourd'hui?	**Mis päev täna on?** [mis pæeʋ tæna on?]
Nous sommes …	**Täna on …** [tæna on …]
lundi	**esmaspäev** [esmaspæeʋ]
mardi	**teisipäev** [tejsipæeʋ]
mercredi	**kolmapäev** [kolʲmapæeʋ]

jeudi	**neljapäev** [neljapæeʋ]
vendredi	**reede** [re:de]
samedi	**laupäev** [laupæeʋ]
dimanche	**pühapäev** [pʉhapæeʋ]

Salutations - Introductions

Bonjour.	**Tere.** [tere]
Enchanté /Enchantée/	**Meeldiv kohtuda.** [meːlʲdiʋ kohtuda]
Moi aussi.	**Minul samuti.** [minulʲ samuti]
Je voudrais vous présenter …	**Saage tuttavaks, tema on …** [saːge tuttaʋaks, tema on …]
Ravi /Ravie/ de vous rencontrer.	**Tore teiega kohtuda.** [tore tejega kohtuda]

Comment allez-vous?	**Kuidas käsi käib?** [kuidas kæsi kæjb?]
Je m'appelle …	**Minu nimi on …** [minu nimi on …]
Il s'appelle …	**Tema nimi on …** [tema nimi on …]
Elle s'appelle …	**Tema nimi on …** [tema nimi on …]
Comment vous appelez-vous?	**Mis teie nimi on?** [mis teje nimi on?]
Quel est son nom?	**Mis tema nimi on?** [mis tema nimi on?]
Quel est son nom?	**Mis tema nimi on?** [mis tema nimi on?]

Quel est votre nom de famille?	**Mis teie perekonnanimi on?** [mis teje perekonnanimi on?]
Vous pouvez m'appeler …	**Te võite mind kutsuda …** [te ʋɤite mint kutsuda …]
D'où êtes-vous?	**Kust te pärit olete?** [kusʲt te pærit olete?]
Je suis de …	**Ma elan …** [ma elan …]
Qu'est-ce que vous faites dans la vie?	**Kellena te töötate?** [kelʲena te tøːtate?]

Qui est-ce?	**Kes see on?** [kes seː on?]
Qui est-il?	**Kes tema on?** [kes tema on?]
Qui est-elle?	**Kes tema on?** [kes tema on?]

Qui sont-ils?	**Kes nemad on?** [kes nemat on?]
C'est ...	**Tema on ...** [tema on ...]
mon ami	**minu sõber** [minu sɜber]
mon amie	**minu sõbranna** [minu sɜbranna]
mon mari	**minu mees** [minu meːs]
ma femme	**minu naine** [minu naine]
mon père	**minu isa** [minu isa]
ma mère	**minu ema** [minu ema]
mon frère	**minu vend** [minu ʋent]
ma sœur	**minu õde** [minu ɜde]
mon fils	**minu poeg** [minu poeg]
ma fille	**minu tütar** [minu tʉtar]
C'est notre fils.	**Tema on meie poeg.** [tema on meje poeg]
C'est notre fille.	**Tema on meie tütar.** [tema on meje tʉtar]
Ce sont mes enfants.	**Nemad on minu lapsed.** [nemat on minu lapsed]
Ce sont nos enfants.	**Nemad on meie lapsed.** [nemat on meje lapsed]

Les adieux

Au revoir!	**Hüvasti!** [hɐʋasʲti!]
Salut!	**Tšao! Pakaa!** [tʃao! paka:!]
À demain.	**Homseni.** [homseni]
À bientôt.	**Kohtumiseni.** [kohtumiseni]
On se revoit à sept heures.	**Seitsme ajal näeme.** [sejtsme ajalʲ næəme]
Amusez-vous bien!	**Veetke lõbusasti aega!** [ʋe:tke lɜbusasʲti aega!]
On se voit plus tard.	**Hiljem räägime.** [hiljem ræ:gime]
Bonne fin de semaine.	**Meeldivat nädalavahetust teile.** [me:lʲdiʋat nædalaʋahetusʲt tejle]
Bonne nuit.	**Head ööd.** [heat ø:d]
Il est l'heure que je parte.	**Ma pean lahkuma.** [ma pean lahkuma]
Je dois m'en aller.	**Ma pean lahkuma.** [ma pean lahkuma]
Je reviens tout de suite.	**Tulen kohe tagasi.** [tulen kohe tagasi]
Il est tard.	**Aeg on juba hiline.** [aeg on juba hiline]
Je dois me lever tôt.	**Pean hommikul vara tõusma.** [pean hommikulʲ ʋara tɜusma]
Je pars demain.	**Ma lahkun homme.** [ma lahkun homme]
Nous partons demain.	**Me lahkume homme.** [me lahkume homme]
Bon voyage!	**Head reisi teile!** [heat rejsi tejle!]
Enchanté de faire votre connaissance.	**Oli meeldiv teiega kohtuda.** [oli me:lʲdiʋ tejega kohtuda]
Heureux /Heureuse/ d'avoir parlé avec vous.	**Oli meeldiv teiega suhelda.** [oli me:lʲdiʋ tejega suhelʲda]
Merci pour tout.	**Tänan kõige eest.** [tænan kɜige e:sʲt]

Je me suis vraiment amusé /amusée/	**Veetsin teiega meeldivalt aega.** [ʋeːtsin tejega meːlˈdiʋalʲt aega]
Nous nous sommes vraiment amusés /amusées/	**Viitsime meeldivalt aega.** [ʋiːtsime meːlˈdiʋalʲt aega]
C'était vraiment plaisant.	**Kõik oli suurepärane.** [kɜik oli suːrepærane]
Vous allez me manquer.	**Ma hakkan teist puudust tundma.** [ma hakkan tejsʲt puːdusʲt tundma]
Vous allez nous manquer.	**Me hakkame teist puudust tundma.** [me hakkame tejsʲt puːdusʲt tundma]

Bonne chance!	**Õnn kaasa!** [ɜnn kaːsa!]
Mes salutations à ...	**Tervitage ...** [terʋitage ...]

Une langue étrangère

Je ne comprends pas.	**Ma ei saa aru.** [ma ej sa: aru]
Écrivez-le, s'il vous plaît.	**Palun kirjutage see üles.** [palun kirjutage se: ules]
Parlez-vous …?	**Kas te räägite …?** [kas te ræ:gite …?]

Je parle un peu …	**Ma räägin natukene … keelt** [ma ræ:gin natukene … ke:lᶦt]
anglais	**inglise** [inglise]
turc	**türgi** [tʉrgi]
arabe	**araabia** [ara:bia]
français	**prantsuse** [prantsuse]

allemand	**saksa** [saksa]
italien	**itaalia** [ita:lia]
espagnol	**hispaania** [hispa:nia]
portugais	**portugali** [portugali]
chinois	**hiina** [hi:na]
japonais	**jaapani** [ja:pani]

Pouvez-vous le répéter, s'il vous plaît.	**Palun korrake seda.** [palun korrake seda]
Je comprends.	**Ma saan aru.** [ma sa:n aru]
Je ne comprends pas.	**Ma ei saa aru.** [ma ej sa: aru]
Parlez plus lentement, s'il vous plaît.	**Palun rääkige aeglasemalt.** [palun ræ:kige aeglasemalᶦt]

Est-ce que c'est correct?	**Kas nii on õige?** [kas ni: on ɜige?]
Qu'est-ce que c'est?	**Mis see on?** [mis se: on?]

Les excuses

Excusez-moi, s'il vous plaît.	**Palun vabandust.** [palun ʋabandusʲt]
Je suis désolé /désolée/	**Vabandage.** [ʋabandage]
Je suis vraiment /désolée/	**Mul on tõesti kahju.** [mulʲ on tɜesʲti kahju]
Désolé /Désolée/, c'est ma faute.	**Andestust, minu süü.** [andesʲtusʲt, minu sɐ:]
Au temps pour moi.	**Minu viga.** [minu ʋiga]
Puis-je ... ?	**Kas ma tohin ...?** [kas ma tohin ...?]
Ça vous dérange si je ...?	**Ega teil midagi selle vastu ole, kui ma ...?** [ega tejlʲ midagi selʲe ʋasʲtu ole, kui ma ...?]
Ce n'est pas grave.	**Kõik on korras.** [kɜik on korras]
Ça va.	**Kõik on korras.** [kɜik on korras]
Ne vous inquiétez pas.	**Ärge muretsege.** [ærge muretsege]

Les accords

Oui	**Jah.** [jah]
Oui, bien sûr.	**Jah, muidugi.** [jah, muidugi]
Bien.	**Nõus! Hästi!** [nɜus! hæsʲti!]
Très bien.	**Väga hästi.** [ʋæga hæsʲti]
Bien sûr!	**Kindlasti!** [kintlasʲti!]
Je suis d'accord.	**Ma olen nõus.** [ma olen nɜus]

C'est correct.	**Õige.** [ɜige]
C'est exact.	**Õigus.** [ɜigus]
Vous avez raison.	**Teil on õigus.** [tejlʲ on ɜigus]
Je ne suis pas contre.	**Mina pole vastu.** [mina pole ʋasʲtu]
Tout à fait correct.	**Täiesti õigus.** [tæjesʲti ɜigus]

C'est possible.	**See on võimalik.** [seː on ʋɜimalik]
C'est une bonne idée.	**Hea mõte.** [hea mɜte]
Je ne peux pas dire non.	**Ma ei saa keelduda.** [ma ej saː keːlʲduda]
J'en serai ravi /ravie/	**Mul oleks hea meel.** [mulʲ oleks hea meːl]
Avec plaisir.	**Hea meelega.** [hea meːlega]

Refus, exprimer le doute

Non	**Ei.** [ej]
Absolument pas.	**Kindlasti mitte.** [kintlasʲti mitte]
Je ne suis pas d'accord.	**Ma ei ole nõus.** [ma ej ole nɜus]
Je ne le crois pas.	**Mina nii ei arva.** [mina niː ej arʋa]
Ce n'est pas vrai.	**See ei ole tõsi.** [seː ej ole tɜsi]
Vous avez tort.	**Te eksite.** [te eksite]
Je pense que vous avez tort.	**Arva, et teil pole õigus.** [arʋa, et tejlʲ pole ɜigus]
Je ne suis pas sûr /sûre/	**Ma ei ole kindel.** [ma ej ole kindel]
C'est impossible.	**See ei ole võimalik.** [seː ej ole ʋɜimalik]
Pas du tout!	**Mitte midagi taolist!** [mitte midagi taolisʲt!]
Au contraire!	**Otse vastupidi.** [otse ʋasʲtupidi]
Je suis contre.	**Mina olen selle vastu.** [mina olen selʲe ʋasʲtu]
Ça m'est égal.	**Mul ükskõik.** [mulʲ ükskɜik]
Je n'ai aucune idée.	**Mul pole aimugi.** [mulʲ pole aimugi]
Je doute que cela soit ainsi.	**Kahtlen selles.** [kahtlen selʲes]
Désolé /Désolée/, je ne peux pas.	**Kahjuks ma ei saa.** [kahjuks ma ej saː]
Désolé /Désolée/, je ne veux pas.	**Vabandage, ma ei soovi.** [ʋabandage, ma ej soːʋi]
Merci, mais ça ne m'intéresse pas.	**Tänan, aga ma ei taha seda.** [tænan, aga ma ej taha seda]
Il se fait tard.	**Aeg on hiline.** [aeg on hiline]

Je dois me lever tôt.

Pean hommikul vara tõusma.
[pean hommikulʲ ʋara tɜusma]

Je ne me sens pas bien.

Mul on halb olla.
[mulʲ on halʲb olʲæ]

Exprimer la gratitude

Merci.

Aitäh.
[aitæh]

Merci beaucoup.

Suur tänu teile.
[su:r tænu tejle]

Je l'apprécie beaucoup.

Olen teile selle eest tõesti tänulik.
[olen tejle sel'e e:s't tɜes'ti tænulik]

Je vous suis très reconnaissant.

Ma olen teile tõesti väga tänulik.
[ma olen tejle tɜes'ti ʋæga tænulik]

Nous vous sommes très reconnaissant.

Me oleme teile tõesti väga tänulikud.
[me oleme tejle tɜes'ti ʋæga tænulikud]

Merci pour votre temps.

Tänan, et leidsite minu jaoks aega.
[tænan, et lejdsite minu jaoks aega]

Merci pour tout.

Tänan kõige eest.
[tænan kɜige e:s't]

Merci pour ...

Tänan teid ...
[tænan tejt ...]

votre aide

abi eest
[abi e:s't]

les bons moments passés

meeldiva aja eest
[me:l'diʋa aja e:s't]

un repas merveilleux

suurepärase eine eest
[su:repærase ejne e:s't]

cette agréable soirée

meeldiva õhtu eest
[me:l'diʋa ɜhtu e:s't]

cette merveilleuse journée

suurepärase päeva eest
[su:repærase pæeʋa e:s't]

une excursion extraordinaire

hämmastava reisi eest
[hæmmas'taʋa rejsi e:s't]

Il n'y a pas de quoi.

Pole tänu väärt.
[pole tænu ʋæ:rt]

Vous êtes les bienvenus.

Pole tänu väärt.
[pole tænu ʋæ:rt]

Mon plaisir.

Igal ajal.
[igal' ajal]

J'ai été heureux /heureuse/
de vous aider.

Mul oli hea meel aidata.
[mul' oli hea me:l' aidata]

Ça va. N'y pensez plus.

Unustage see. Kõik on korras.
[unus'tage se:. kɜik on korras]

Ne vous inquiétez pas.

Ärge muretsege.
[ærge muretsege]

Félicitations. Vœux de fête

Félicitations! **Õnnitleme!**
[ɜnnitleme!]

Joyeux anniversaire! **Palju õnne sünnipäevaks!**
[palju ɜnne sunnipæɐuaks!]

Joyeux Noël! **Häid jõule!**
[hæjt jɜule!]

Bonne Année! **Head uut aastat!**
[heat uːt aːsʲtat!]

Joyeuses Pâques! **Head ülestõusmispüha!**
[heat ulesʲtɜusmispuha!]

Joyeux Hanoukka! **Head Hannukad!**
[heat hannukad!]

Je voudrais proposer un toast. **Lubage mul õelda toost.**
[lubage mulʲ øelʲda toːsʲt]

Santé! **Proosit!**
[proːsit!]

Buvons à …! **Võtame …!**
[uɜtame …!]

À notre succès! **Meie edu terviseks!**
[meje edu teruiseks!]

À votre succès! **Teie edu terviseks!**
[teje edu teruiseks!]

Bonne chance! **Õnn kaasa!**
[ɜnn kaːsa!]

Bonne journée! **Ilusat päeva teile!**
[ilusat pæɐua tejle!]

Passez de bonnes vacances ! **Puhake kenasti!**
[puhake kenasʲti!]

Bon voyage! **Head reisi teile!**
[heat rejsi tejle!]

Rétablissez-vous vite. **Head paranemist!**
[heat paranemisʲt!]

ocialiser

ourquoi êtes-vous si triste?

Miks te kurb olete?
[miks te kurb olete?]

Souriez!

Naeratage! Pea püsti!
[naeratage! pea püsti!]

Êtes-vous libre ce soir?

Kas te olete täna õhtul vaba?
[kas te olete tæna ɜhtul ʋaba?]

Puis-je vous offrir un verre?

Kas tohin teile jooki pakkuda?
[kas tohin tejle jo:ki pakkuda?]

Voulez-vous danser?

Kas sooviksite tantsida?
[kas so:ʋiksite tantsida?]

Et si on va au cinéma?

Ehk läheksime kinno.
[ehk lʲæheksime kinno]

Puis-je vous inviter ...

Kas tohin teid kutsuda ...?
[kas tohin tejt kutsuda ...?]

au restaurant

restorani
[resʲtorani]

au cinéma

kinno
[kinno]

au théâtre

teatrisse
[teatrise]

pour une promenade

jalutama
[jalutama]

À quelle heure?

Mis ajal?
[mis ajal?]

ce soir

täna õhtul
[tæna ɜhtulʲ]

à six heures

kell kuus
[kelʲ ku:s]

à sept heures

kell seitse
[kelʲ sejtse]

à huit heures

kell kaheksa
[kelʲ kaheksa]

à neuf heures

kell üheksa
[kelʲ üheksa]

Est-ce que vous aimez cet endroit?

Kas teile meeldib siin olla?
[kas tejle me:lʲdib si:n olʲæ?]

Êtes-vous ici avec quelqu'un?

Kas te olete siin kellegagi koos?
[kas te olete si:n kelʲegagi ko:s?]

Je suis avec mon ami.

Olen koos sõbraga.
[olen ko:s sɜbraga]

Je suis avec mes amis. | **Olen koos sõpradega.**
[olen ko:s sɜpradega]

Non, je suis seul /seule/ | **Ei, ma olen üksik.**
[ej, ma olen ʉksik]

As-tu un copain? | **Kas sul on sõber olemas?**
[kas sulʲ on sɜber olemas?]

J'ai un copain. | **Mul on sõber.**
[mulʲ on sɜber]

As-tu une copine? | **Kas sul on sõbranna olemas?**
[kas sulʲ on sɜbranna olemas?]

J'ai une copine. | **Mul on sõbranna olemas.**
[mulʲ on sɜbranna olemas]

Est-ce que je peux te revoir? | **Kas me kohtume veel?**
[kas me kohtume ʋe:l?]

Est-ce que je peux t'appeler? | **Kas tohin sulle helistada?**
[kas tohin sulʲe helisʲtada?]

Appelle-moi. | **Helista mulle.**
[helisʲta mulʲe]

Quel est ton numéro? | **Ütle mulle oma telefoninumber?**
[ʉtle mulʲe oma telefoninumber?]

Tu me manques. | **Igatsen su järele.**
[igatsen su jærele]

Vous avez un très beau nom. | **Teil on ilus nimi.**
[tejlʲ on ilus nimi]

Je t'aime. | **Ma armastan teid.**
[ma armasʲtan tejd]

Veux-tu te marier avec moi? | **Kas abiellute minuga?**
[kas abielʲute minuga?]

Vous plaisantez! | **Nalja teete!**
[nalʲja te:te!]

Je plaisante. | **Lihtsalt teen nalja.**
[lihtsalʲt te:n nalja]

Êtes-vous sérieux /sérieuse/? | **Kas te mõtlete seda tõsiselt?**
[kas te mɜtlete seda tɜsiselʲt?]

Je suis sérieux /sérieuse/ | **Jah, ma olen tõsine.**
[jah, ma olen tɜsine]

Vraiment?! | **Tõesti?!**
[tɜesʲti?!]

C'est incroyable! | **See on uskumatu!**
[se: on uskumatu!]

Je ne vous crois pas. | **Ma ei usu teid.**
[ma ej usu tejd]

Je ne peux pas. | **Ma ei saa.**
[ma ej sa:]

Je ne sais pas. | **Ma ei tea.**
[ma ej tea]

Je ne vous comprends pas | **Ma ei saa teist aru.**
[ma ej sa: tejsʲt aru]

Laissez-moi! Allez-vous-en!

Laissez-moi tranquille!

Palun lahkuge.
[palun lahkuge]

Jätke mind üksi!
[jætke mint uksi!]

Je ne le supporte pas.

Vous êtes dégoûtant!

Je vais appeler la police!

Ma ei talu teda.
[ma ej talu teda]

Te olete vastik!
[te olete uas'tik!]

Ma kutsun politsei!
[ma kutsun politsej!]

Partager des impressions. Émotions

J'aime ça.	**See meeldib mulle.** [se: meːlʲdib mulʲe]
C'est gentil.	**Väga kena.** [ʋæga kena]
C'est super!	**See on suurepärane!** [se: on suːrepærane!]
C'est assez bien.	**See ei ole halb.** [se: ej ole halʲb]

Je n'aime pas ça.	**See ei meeldi mulle.** [se: ej meːlʲdi mulʲe]
Ce n'est pas bien.	**See ei ole hea.** [se: ej ole hea]
C'est mauvais.	**See on halb.** [se: on halʲb]
Ce n'est pas bien du tout.	**See on väga halb.** [se: on ʋæga halʲb]
C'est dégoûtant.	**See on eemaletõukav.** [se: on eːmaletɜukaʋ]

Je suis content /contente/	**Ma olen õnnelik.** [ma olen ɜnnelik]
Je suis heureux /heureuse/	**Ma olen rahul.** [ma olen rahul]
Je suis amoureux /amoureuse/	**Ma olen armunud.** [ma olen armunud]
Je suis calme.	**Ma olen rahulik.** [ma olen rahulik]
Je m'ennuie.	**Ma olen tüdinud.** [ma olen tʉdinud]

Je suis fatigué /fatiguée/	**Ma olen väsinud.** [ma olen ʋæsinud]
Je suis triste.	**Ma olen kurb.** [ma olen kurb]
J'ai peur.	**Ma olen hirmul.** [ma olen hirmul]

Je suis fâché /fâchée/	**Ma olen vihane.** [ma olen ʋihane]
Je suis inquiet /inquiète/	**Ma olen mures.** [ma olen mures]
Je suis nerveux /nerveuse/	**Ma olen närvis.** [ma olen næroʋis]

Je suis jaloux /jalouse/	**Ma olen kade.** [ma olen kade]
Je suis surpris /surprise/	**Ma olen üllatunud.** [ma olen ül'ætunud]
Je suis gêné /gênée/	**Ma olen segaduses.** [ma olen segaduses]

Problèmes. Accidents

J'ai un problème.

Ma vajan teie abi.
[ma ʋajan teje abi]

Nous avons un problème.

Me vajame teie abi.
[me ʋajame teje abi]

Je suis perdu /perdue/

Ma olen ära eksinud.
[ma olen æra eksinud]

J'ai manqué le dernier bus (train).

**Ma jäin viimasest bussist
(rongist) maha.**
[ma jæjn ʋi:masesⁱt bussisⁱt
(rongisⁱt) maha]

Je n'ai plus d'argent.

Mul on raha päris otsas.
[mulʲ on raha pæris otsas]

J'ai perdu mon ...

Ma kaotasin oma ...
[ma kaotasin oma ...]

On m'a volé mon ...

Keegi varastas mu ...
[ke:gi ʋarasⁱtas mu ...]

passeport

passi
[pasi]

portefeuille

rahakoti
[rahakoti]

papiers

dokumendid
[dokumendit]

billet

pileti
[pileti]

argent

raha
[raha]

sac à main

käekoti
[kæəkoti]

appareil photo

fotoaparaadi
[fotoapara:di]

portable

sülearvuti
[sɵlearʋuti]

ma tablette

tahvelarvuti
[tahʋelarʋuti]

mobile

mobiiltelefoni
[mobi:lʲtelefoni]

Au secours!

Appi! Aidake!
[appi! aidake!]

Qu'est-il arrivé?

Mis juhtus?
[mis juhtus?]

un incendie	**tulekahju** [tulekahju]
des coups de feu	**tulistamine** [tulisʲtamine]
un meurtre	**tapmine** [tapmine]
une explosion	**plahvatus** [plahʋatus]
une bagarre	**kaklus** [kaklus]

Appelez la police!	**Kutsuge politsei!** [kutsuge politsej!]
Dépêchez-vous, s'il vous plaît!	**Palun kiirustage!** [palun ki:rusʲtage!]
Je cherche le commissariat de police.	**Ma otsin politseijaoskonda.** [ma otsin politsejjaoskonda]
Il me faut faire un appel.	**Mul on vaja helistada.** [mulʲ on ʋaja helisʲtada]
Puis-je utiliser votre téléphone?	**Kas ma tohin helistada?** [kas ma tohin helisʲtada?]

J'ai été ...	**Mind ...** [mint ...]
agressé /agressée/	**rööviti** [rø:ʋiti]
volé /volée/	**riisuti paljaks** [ri:suti paljaks]
violée	**vägistati** [ʋægisʲtati]
attaqué /attaquée/	**peksti läbi** [peksʲti lʲæbi]

Est-ce que ça va?	**Kas teiega on kõik korras?** [kas tejega on kɜik korras?]
Avez-vous vu qui c'était?	**Kas te nägite, kes see oli?** [kas te nægite, kes se: oli?]
Pourriez-vous reconnaître cette personne?	**Kas te tunneksite ta ära?** [kas te tunneksite ta æra?]
Vous êtes sûr?	**Kas olete kindel?** [kas olete kindel?]

Calmez-vous, s'il vous plaît.	**Palun rahunege maha.** [palun rahunege maha]
Calmez-vous!	**Võtke asja rahulikult!** [ʋɜtke asja rahulikulʲtʲ!]
Ne vous inquiétez pas.	**Ärge muretsege!** [ærge muretsege!]
Tout ira bien.	**Kõik saab korda.** [kɜik sa:b korda]
Ça va. Tout va bien.	**Kõik on korras.** [kɜik on korras]

Venez ici, s'il vous plaît.

Palun tulge siia.
[palun tulʲge siːa]

J'ai des questions à vous poser.

Mul on teile mõned küsimused.
[mulʲ on tejle mɜnet kʉsimused]

Attendez un moment, s'il vous plaît.

Palun oodake.
[palun oːdake]

Avez-vous une carte d'identité?

Kas teil on mõni isikut tõendav dokument?
[kas tejlʲ on mɜni isikut tɜendaʋ dokument?]

Merci. Vous pouvez partir maintenant.

Tänan. Võite lahkuda.
[tænan. ʋɜite lahkuda]

Les mains derrière la tête!

Käed kuklale!
[kæet kuklale!]

Vous êtes arrêté!

Te olete kinni peetud!
[te olete kinni peːtud!]

Problèmes de santé

Aidez-moi, s'il vous plaît.	**Palun aidake mind.** [palun aidake mind]
Je ne me sens pas bien.	**Mul on halb olla.** [mulʲ on halʲb olʲæ]
Mon mari ne se sent pas bien.	**Mu mehel on halb olla.** [mu mehelʲ on halʲb olʲæ]
Mon fils ...	**Mu pojal ...** [mu pojalʲ ...]
Mon père ...	**Mu isal ...** [mu isalʲ ...]
Ma femme ne se sent pas bien.	**Mu naisel on halb olla.** [mu naiselʲ on halʲb olʲæ]
Ma fille ...	**Mu tütrel ...** [mu tʉtrelʲ ...]
Ma mère ...	**Mu emal ...** [mu emalʲ ...]
J'ai mal ...	**Mul on ...** [mulʲ on ...]
à la tête	**peavalu** [peavalu]
à la gorge	**kurk külma saanud** [kurk kʉlʲma sa:nut]
à l'estomac	**kõhuvalu** [kɜhuvalu]
aux dents	**hambavalu** [hambavalu]
J'ai le vertige.	**Mul käib pea ringi.** [mulʲ kæjb pea ringi]
Il a de la fièvre.	**Tal on palavik.** [talʲ on palavik]
Elle a de la fièvre.	**Tal on palavik.** [talʲ on palavik]
Je ne peux pas respirer.	**Ma ei saa hingata.** [ma ej sa: hingata]
J'ai du mal à respirer.	**Mul jääb hing kinni.** [mulʲ jæ:b hing kinni]
Je suis asthmatique.	**Ma olen astmaatik.** [ma olen asʲtma:tik]
Je suis diabétique.	**Ma olen diabeetik.** [ma olen diabe:tik]

Je ne peux pas dormir.

Ma ei saa magada.
[ma ej sa: magada]

intoxication alimentaire

toidumürgitus
[tojdumʉrgitus]

Ça fait mal ici.

Siit valutab.
[si:t ʋalutab]

Aidez-moi!

Appi! Aidake!
[appi! aidake!]

Je suis ici!

Ma olen siin!
[ma olen si:n!]

Nous sommes ici!

Me oleme siin!
[me oleme si:n!]

Sortez-moi d'ici!

Päästke mind siit välja!
[pæ:sˈtke mint si:t ʋælja!]

J'ai besoin d'un docteur.

Mul on arsti vaja.
[mulʲ on arsˈti ʋaja]

Je ne peux pas bouger!

Ma ei saa ennast liigutada.
[ma ej sa: ennasˈt li:gutada]

Je ne peux pas bouger mes jambes.

Ma ei saa oma jalgu liigutada.
[ma ej sa: oma jalʲgu li:gutada]

Je suis blessé /blessée/

Ma olen haavatud.
[ma olen ha:ʋatud]

Est-ce que c'est sérieux?

Kas see on kardetav?
[kas se: on kardetaʋ?]

Mes papiers sont dans ma poche.

Minu dokumendid on mu taskus.
[minu dokumendit on mu taskus]

Calmez-vous!

Rahunege maha!
[rahunege maha!]

Puis-je utiliser votre téléphone?

Kas ma tohin helistada?
[kas ma tohin helisˈtada?]

Appelez une ambulance!

Kutsuge kiirabi!
[kutsuge ki:rabi!]

C'est urgent!

See on kiireloomuline!
[se: on ki:relo:muline!]

C'est une urgence!

See on hädaolukord!
[se: on hædaolukord!]

Dépêchez-vous, s'il vous plaît!

Palun kiirustage!
[palun ki:rusˈtage!]

Appelez le docteur, s'il vous plaît.

Palun kutsuge arst?
[palun kutsuge arsˈt?]

Où est l'hôpital?

Palun öelge, kus asub haigla?
[palun øelʲge, kus asub haigla?]

Comment vous sentez-vous?

Kuidas te ennast tunnete?
[kuidas te ennasˈt tunnete?]

Est-ce que ça va?

Kas teiega on kõik korras?
[kas tejega on kɜik korras?]

Qu'est-il arrivé?

Mis juhtus?
[mis juhtus?]

Je me sens mieux maintenant.	**Ma tunnen ennast nüüd paremini.** [ma tunnen ennas't nʉːt paremini]
Ça va. Tout va bien.	**Kõik on korras.** [kɜik on korras]
Ça va.	**Kõik on hästi.** [kɜik on hæs'ti]

À la pharmacie

pharmacie	**apteek** [apte:k]
pharmacie 24 heures	**ööpäevaringselt avatud apteek** [ø:pææʋaringselʲt aʋatut apte:k]
Où se trouve la pharmacie la plus proche?	**Kus asub lähim apteek?** [kus asub lʲæhim apte:k?]
Est-elle ouverte en ce moment?	**Kas see on praegu avatud?** [kas se: on praegu aʋatud?]
À quelle heure ouvre-t-elle?	**Mis kell see avatakse?** [mis kelʲ se: aʋatakse?]
à quelle heure ferme-t-elle?	**Mis kell see suletakse?** [mis kelʲ se: suletakse?]
C'est loin?	**Kas see on kaugel?** [kas se: on kaugel?]
Est-ce que je peux y aller à pied?	**Kas ma saan sinna jalgsi minna?** [kas ma sa:n sinna jalʲgsi minna?]
Pouvez-vous me le montrer sur la carte?	**Palun näidake mulle seda kaardil.** [palun næjdake mulʲe seda ka:rdil]
Pouvez-vous me donner quelque chose contre ...	**Palun andke mulle midagi,** **mis aitaks ...** [palun andke mulʲe midagi, mis aitaks ...]
le mal de tête	**peavalu vastu** [peaʋalu ʋasʲtu]
la toux	**köha vastu** [køha ʋasʲtu]
le rhume	**külmetuse vastu** [kɥlʲmetuse ʋasʲtu]
la grippe	**gripi vastu** [gripi ʋasʲtu]
la fièvre	**palaviku vastu** [palaʋiku ʋasʲtu]
un mal d'estomac	**kõhuvalude vastu** [kɜhuʋalude ʋasʲtu]
la nausée	**iivelduse vastu** [i:ʋelʲduse ʋasʲtu]
la diarrhée	**kõhulahtisuse vastu** [kɜhulahtisuse ʋasʲtu]
la constipation	**kõhukinnisuse vastu** [kɜhukinnisuse ʋasʲtu]

un mal de dos	**seljavalu vastu** [seljaualu uasʲtu]
les douleurs de poitrine	**rinnavalu vastu** [rinnaualu uasʲtu]
les points de côté	**pistete vastu küljes** [pisʲtete uasʲtu külʲjes]
les douleurs abdominales	**valude vastu kõhus** [ualude uasʲtu kɜhus]

une pilule	**tablett** [tablett]
un onguent, une crème	**salv, kreem** [salʲu, kreːm]
un sirop	**siirup** [siːrup]
un spray	**sprei** [sprej]
les gouttes	**tilgad** [tilʲgat]

Vous devez allez à l'hôpital.	**Te peate haiglasse minema.** [te peate haiglase minema]
assurance maladie	**ravikindlustus** [rauikintlusʲtus]
prescription	**retseptiga** [retseptiga]
produit anti-insecte	**putukatõrjevahend** [putukatɜrjeuahent]
bandages adhésifs	**plaaster** [plaːsʲter]

Les essentiels

Excusez-moi, …	**Vabandage, …** [ʋabandage, …]
Bonjour	**Tere.** [tere]
Merci	**Aitäh.** [aitæh]
Au revoir	**Nägemist.** [næɡemisʲt]
Oui	**Jah.** [jah]
Non	**Ei.** [ej]
Je ne sais pas.	**Ma ei tea.** [ma ej tea]
Où? | Où? | Quand?	**Kus? | Kuhu? | Millal?** [kus? | kuhu? | milʲæl?]
J'ai besoin de …	**Mul on … vaja** [mulʲ on … ʋaja]
Je veux …	**Ma tahan …** [ma tahan …]
Avez-vous … ?	**Kas teil on … ?** [kas tejlʲ on … ?]
Est-ce qu'il y a … ici?	**Kas siin on kusagil … ?** [kas si:n on kusagilʲ … ?]
Puis-je … ?	**Kas ma tohin …?** [kas ma tohin …?]
s'il vous plaît (pour une demande)	**Palun, …** [palun, …]
Je cherche …	**Ma otsin …** [ma otsin …]
les toilettes	**tualetti** [tualetti]
un distributeur	**pangaautomaati** [panga:utoma:ti]
une pharmacie	**apteeki** [apte:ki]
l'hôpital	**haiglat** [haiglat]
le commissariat de police	**politseijaoskonda** [politsejjaoskonda]
une station de métro	**metroojaama** [metro:ja:ma]

un taxi	**taksot** [taksot]
la gare	**raudteejaama** [raudte:ja:ma]

Je m'appelle …	**Minu nimi on …** [minu nimi on …]
Comment vous appelez-vous?	**Mis teie nimi on?** [mis teje nimi on?]
Aidez-moi, s'il vous plaît.	**Palun aidake mind.** [palun aidake mind]
J'ai un problème.	**Ma vajan teie abi.** [ma ʋajan teje abi]
Je ne me sens pas bien.	**Mul on halb olla.** [mulʲ on halʲb olʲæ]
Appelez une ambulance!	**Kutsuge kiirabi!** [kutsuge ki:rabi!]
Puis-je faire un appel?	**Kas ma tohin helistada?** [kas ma tohin helisʲtada?]

Excusez-moi.	**Vabandage.** [ʋabandage]
Je vous en prie.	**Tänan.** [tænan]

je, moi	**mina, ma** [mina, ma]
tu, toi	**sina, sa** [sina, sa]
il	**tema, ta** [tema, ta]
elle	**tema, ta** [tema, ta]
ils	**nemad, nad** [nemad, nat]
elles	**nemad, nad** [nemad, nat]
nous	**meie, me** [meje, me]
vous	**teie, te** [teje, te]
Vous	**teie** [teje]

ENTRÉE	**SISSEPÄÄS** [sissepæ:s]
SORTIE	**VÄLJAPÄÄS** [ʋælʲjapæ:s]
HORS SERVICE	EN PANNE	**EI TÖÖTA** [ej tø:ta]
FERMÉ	**SULETUD** [suletut]

OUVERT	**AVATUD** [aʋatut]
POUR LES FEMMES	**NAISTE** [naisʲte]
POUR LES HOMMES	**MEESTE** [meːsʲte]

MINI DICTIONNAIRE

Cette section contient
250 mots, utiles nécessaires
à la communication
quotidienne.
Vous y trouverez le nom
des mois et des jours.
Le dictionnaire contient
aussi des sujets aussi variés
que les couleurs, les unités
de mesure, la famille et plus

T&P Books Publishing

CONTENU DU DICTIONNAIRE

T&P Books Publishing

temps (m)	aeg	[aeg]
heure (f)	tund	[tunt]
demi-heure (f)	pool tundi	[po:lʲ tundi]
minute (f)	minut	[minut]
seconde (f)	sekund	[sekunt]
aujourd'hui (adv)	täna	[tæna]
demain (adv)	homme	[homme]
hier (adv)	eile	[ejle]
lundi (m)	esmaspäev	[esmaspæəu]
mardi (m)	teisipäev	[tejsipæəu]
mercredi (m)	kolmapäev	[kolʲmapæəu]
jeudi (m)	neljapäev	[neljapæəu]
vendredi (m)	reede	[re:de]
samedi (m)	laupäev	[laupæəu]
dimanche (m)	pühapäev	[pʉhapæəu]
jour (m)	päev	[pæəu]
jour (m) ouvrable	tööpäev	[tø:pæəu]
jour (m) férié	pidupäev	[pidupæəu]
week-end (m)	nädalavahetus	[nædalauahetus]
semaine (f)	nädal	[nædalʲ]
la semaine dernière	möödunud nädalal	[mø:dunut nædalalʲ]
la semaine prochaine	järgmisel nädalal	[jærgmiselʲ nædalalʲ]
le matin	hommikul	[hommikulʲ]
dans l'après-midi	pärast lõunat	[pærasʲt lɜunat]
le soir	õhtul	[ɜhtulʲ]
ce soir	täna õhtul	[tæna ɜhtulʲ]
la nuit	öösel	[ø:selʲ]
minuit (f)	kesköö	[keskø:]
janvier (m)	jaanuar	[ja:nuar]
février (m)	veebruar	[ue:bruar]
mars (m)	märts	[mærts]
avril (m)	aprill	[aprilʲ]
mai (m)	mai	[mai]
juin (m)	juuni	[ju:ni]
juillet (m)	juuli	[ju:li]
août (m)	august	[augusʲt]

septembre (m)	**september**	[september]
octobre (m)	**oktoober**	[okto:ber]
novembre (m)	**november**	[noʋember]
décembre (m)	**detsember**	[detsember]
au printemps	**kevadel**	[keʋadelʲ]
en été	**suvel**	[suʋelʲ]
en automne	**sügisel**	[sʉgiselʲ]
en hiver	**talvel**	[talʲʋelʲ]
mois (m)	**kuu**	[ku:]
saison (f)	**hooaeg**	[ho:aeg]
année (f)	**aasta**	[a:sʲta]

2. Nombres. Adjectifs numéraux

zéro	**null**	[nulʲ]
un	**üks**	[ʉks]
deux	**kaks**	[kaks]
trois	**kolm**	[kolʲm]
quatre	**neli**	[neli]
cinq	**viis**	[ʋi:s]
six	**kuus**	[ku:s]
sept	**seitse**	[sejtse]
huit	**kaheksa**	[kaheksa]
neuf	**üheksa**	[ʉheksa]
dix	**kümme**	[kʉmme]
onze	**üksteist**	[ʉksʲtejsʲt]
douze	**kaksteist**	[kaksʲtejsʲt]
treize	**kolmteist**	[kolʲmtejsʲt]
quatorze	**neliteist**	[nelitejsʲt]
quinze	**viisteist**	[ʋi:sʲtejsʲt]
seize	**kuusteist**	[ku:sʲtejsʲt]
dix-sept	**seitseteist**	[sejtsetejsʲt]
dix-huit	**kaheksateist**	[kaheksatejsʲt]
dix-neuf	**üheksateist**	[ʉheksatejsʲt]
vingt	**kakskümmend**	[kakskʉmment]
trente	**kolmkümmend**	[kolʲmkʉmment]
quarante	**nelikümmend**	[nelikʉmment]
cinquante	**viiskümmend**	[ʋi:skʉmment]
soixante	**kuuskümmend**	[ku:skʉmment]
soixante-dix	**seitsekümmend**	[sejtsekʉmment]
quatre-vingts	**kaheksakümmend**	[kaheksakʉmment]
quatre-vingt-dix	**üheksakümmend**	[ʉheksakʉmment]
cent	**sada**	[sada]

deux cents	kakssada	[kakssada]
trois cents	kolmsada	[kolʲmsada]
quatre cents	nelisada	[nelisada]
cinq cents	viissada	[ʋi:ssada]
six cents	kuussada	[ku:ssada]
sept cents	seitsesada	[sejtsesada]
huit cents	kaheksasada	[kaheksasada]
neuf cents	üheksasada	[ʉheksasada]
mille	tuhat	[tuhat]
dix mille	kümme tuhat	[kʉmme tuhat]
cent mille	sada tuhat	[sada tuhat]
million (m)	miljon	[miljon]
milliard (m)	miljard	[miljart]

3. L'être humain. La famille

homme (m)	mees	[me:s]
jeune homme (m)	noormees	[no:rme:s]
femme (f)	naine	[naine]
jeune fille (f)	tütarlaps	[tʉtarlaps]
vieillard (m)	vanamees	[ʋaname:s]
vieille femme (f)	vanaeit	[ʋanaejt]
mère (f)	ema	[ema]
père (m)	isa	[isa]
fils (m)	poeg	[poeg]
fille (f)	tütar	[tʉtar]
frère (m)	vend	[ʋent]
sœur (f)	õde	[ɜde]
parents (m pl)	vanemad	[ʋanemat]
enfant (m, f)	laps	[laps]
enfants (pl)	lapsed	[lapset]
belle-mère (f)	võõrasema	[ʋɜ:rasema]
beau-père (m)	võõrasisa	[ʋɜ:rasisa]
grand-mère (f)	vanaema	[ʋanaema]
grand-père (m)	vanaisa	[ʋanaisa]
petit-fils (m)	lapselaps	[lapselaps]
petite-fille (f)	lapselaps	[lapselaps]
petits-enfants (pl)	lapselapsed	[lapselapset]
oncle (m)	onu	[onu]
tante (f)	tädi	[tædi]
neveu (m)	vennapoeg	[ʋennapoeg]
nièce (f)	vennatütar	[ʋennatʉtar]
femme (f)	naine	[naine]

mari (m)	mees	[me:s]
marié (adj)	abielus	[abielus]
mariée (adj)	abielus	[abielus]
veuve (f)	lesk	[lesk]
veuf (m)	lesk	[lesk]
prénom (m)	eesnimi	[e:snimi]
nom (m) de famille	perekonnnimi	[perekonnnimi]
parent (m)	sugulane	[sugulane]
ami (m)	sõber	[sɜber]
amitié (f)	sõprus	[sɜprus]
partenaire (m)	partner	[partner]
supérieur (m)	ülemus	[ʉlemus]
collègue (m, f)	kolleeg	[kolʲe:g]
voisins (m pl)	naabrid	[na:brit]

4. Le corps humain. L'anatomie

corps (m)	keha	[keha]
cœur (m)	süda	[sʉda]
sang (m)	veri	[ʋeri]
cerveau (m)	aju	[aju]
os (m)	luu	[lu:]
colonne (f) vertébrale	selgroog	[selʲgro:g]
côte (f)	roie	[roje]
poumons (m pl)	kops	[kops]
peau (f)	nahk	[nahk]
tête (f)	pea	[pea]
visage (m)	nägu	[nægu]
nez (m)	nina	[nina]
front (m)	laup	[laup]
joue (f)	põsk	[pɜsk]
bouche (f)	suu	[su:]
langue (f)	keel	[ke:lʲ]
dent (f)	hammas	[hammas]
lèvres (f pl)	huuled	[hu:let]
menton (m)	lõug	[lɜug]
oreille (f)	kõrv	[kɜrʋ]
cou (m)	kael	[kaelʲ]
œil (m)	silm	[silʲm]
pupille (f)	silmatera	[silʲmatera]
sourcil (m)	kulm	[kulʲm]
cil (m)	ripse	[ripse]
cheveux (m pl)	juuksed	[ju:kset]

coiffure (f)	soeng	[soeng]
moustache (f)	vuntsid	[ʊuntsit]
barbe (f)	habe	[habe]
porter (~ la barbe)	kandma	[kandma]
chauve (adj)	kiilas	[kiːlas]

main (f)	käelaba	[kæelaba]
bras (m)	käsi	[kæsi]
doigt (m)	sõrm	[sɜrm]
ongle (m)	küüs	[kʉːs]
paume (f)	peopesa	[peopesa]

épaule (f)	õlg	[ɜlʲg]
jambe (f)	säär	[sæːr]
genou (m)	põlv	[pɜlʲʊ]
talon (m)	kand	[kant]
dos (m)	selg	[selʲg]

5. Les vêtements. Les accessoires personnels

vêtement (m)	riided	[riːdet]
manteau (m)	mantel	[mantelʲ]
manteau (m) de fourrure	kasukas	[kasukas]
veste (f) (~ en cuir)	jope	[jope]
imperméable (m)	vihmamantel	[ʊihmamantelʲ]

chemise (f)	särk	[særk]
pantalon (m)	püksid	[pʉksit]
veston (m)	pintsak	[pintsak]
complet (m)	ülikond	[ʉlikont]

robe (f)	kleit	[klejt]
jupe (f)	seelik	[seːlik]
tee-shirt (m)	T-särk	[t-særk]
peignoir (m) de bain	hommikumantel	[hommikumantelʲ]
pyjama (m)	pidžaama	[pidʒaːma]
tenue (f) de travail	tööriietus	[tøːriːetus]

sous-vêtements (m pl)	pesu	[pesu]
chaussettes (f pl)	sokid	[sokit]
soutien-gorge (m)	rinnahoidja	[rinnahojdja]
collants (m pl)	sukkpüksid	[sukkpʉksit]
bas (m pl)	sukad	[sukat]
maillot (m) de bain	trikoo	[trikoː]

chapeau (m)	müts	[mʉts]
chaussures (f pl)	jalatsid	[jalatsit]
bottes (f pl)	saapad	[saːpat]
talon (m)	konts	[konts]
lacet (m)	kingapael	[kingapaelʲ]

cirage (m)	kingakreem	[kingakre:m]
gants (m pl)	sõrmkindad	[sɜrmkindat]
moufles (f pl)	labakindad	[labakindat]
écharpe (f)	sall	[salʲ]
lunettes (f pl)	prillid	[prilʲit]
parapluie (m)	vihmavari	[ʋihmaʋari]
cravate (f)	lips	[lips]
mouchoir (m)	taskurätik	[taskurætik]
peigne (m)	kamm	[kamm]
brosse (f) à cheveux	juuksehari	[ju:ksehari]
boucle (f)	pannal	[pannalʲ]
ceinture (f)	vöö	[ʋø:]
sac (m) à main	käekott	[kæəkott]

6. La maison. L'appartement

appartement (m)	korter	[korter]
chambre (f)	tuba	[tuba]
chambre (f) à coucher	magamistuba	[magamisʲtuba]
salle (f) à manger	söögituba	[sø:gituba]
salon (m)	külalistuba	[kʉlalisʲtuba]
bureau (m)	kabinet	[kabinet]
antichambre (f)	esik	[esik]
salle (f) de bains	vannituba	[ʋannituba]
toilettes (f pl)	tualett	[tualett]
aspirateur (m)	tolmuimeja	[tolʲmuimeja]
balai (m) à franges	hari	[hari]
torchon (m)	lapp	[lapp]
balayette (f) de sorgho	luud	[lu:t]
pelle (f) à ordures	prügikühvel	[prʉgikʉhʋelʲ]
meubles (m pl)	mööbel	[mø:belʲ]
table (f)	laud	[laut]
chaise (f)	tool	[to:lʲ]
fauteuil (m)	tugitool	[tugito:lʲ]
miroir (m)	peegel	[pe:gelʲ]
tapis (m)	vaip	[ʋaip]
cheminée (f)	kamin	[kamin]
rideaux (m pl)	külgkardinad	[kʉlʲgkardinat]
lampe (f) de table	laualamp	[laualamp]
lustre (m)	lühter	[lʉhter]
cuisine (f)	köök	[kø:k]
cuisinière (f) à gaz	gaasipliit	[ga:sipli:t]
cuisinière (f) électrique	elektripliit	[elektripli:t]

four (m) micro-ondes	**mikrolaineahi**	[mikrolaineahi]
réfrigérateur (m)	**külmkapp**	[kʉlʲmkapp]
congélateur (m)	**jääkapp**	[jæː kapp]
lave-vaisselle (m)	**nõudepesumasin**	[nɔudepesumasin]
robinet (m)	**kraan**	[kraːn]
hachoir (m) à viande	**hakklihamasin**	[hakklihamasin]
centrifugeuse (f)	**mahlapress**	[mahlapress]
grille-pain (m)	**röster**	[røsʲter]
batteur (m)	**mikser**	[mikser]
machine (f) à café	**kohvikeetja**	[kohʋikeː tja]
bouilloire (f)	**veekeetja**	[ʋeːkeː tja]
théière (f)	**teekann**	[teːkann]
téléviseur (m)	**televiisor**	[teleʋiː sor]
magnétoscope (m)	**videomagnetofon**	[ʋideomagnetofon]
fer (m) à repasser	**triikraud**	[triː kraut]
téléphone (m)	**telefon**	[telefon]